LA

RÉPUBLIQUE FRANÇAISE

EN 1879

par Alfred DESMASURES

> La République sera démocratique,
> c'est-à-dire le gouvernement de tous
> par tous et pour tous.

HIRSON
Imprimerie du *Nord de la Thiérache*
MAUCLÈRE-DUFOUR

En vente : à Paris, Librairie de l'Ecole Turgot, rue Turbigo, 67,
et chez tous les Libraires.

LA RÉPUBLIQUE FRANÇAISE

EN 1879

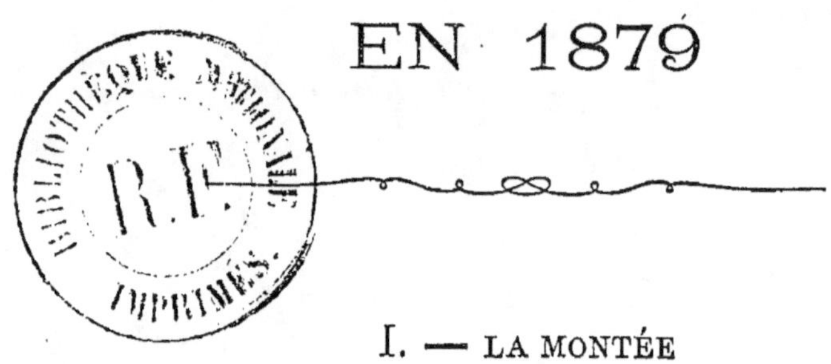

I. — LA MONTÉE

Deux voyageurs quittent la gare de Laon : l'un dans une voiture e tpar la rampe douce qui décrit méandre sur méandre, revenant au même but pour gravir quelques mèires, arrive sur ce plateau où a eu lieu une des grands catastrophes de 1870.

L'autre s'élève directement vers la ville par cet escalier dont les marches sont plus nombreuses que ne le seront mes lignes. Son front est ruisselant de sueur ; souvent fatigué pendant cette longue ascension il s'arrête et peut alors contempler de vastes horizons. Rose aux couleurs tendres et aux doux parfums cueillie au milieu des épines, tu ne donnes rien à l'odorat de comparable à ce qu'il peut être ressenti par la vue devant ces vastes panoramas.

Ces deux voyageurs peuvent être comparés aux deux fractions républicaines. Les deux voyageurs arrivés ou même but pourraient-ils, parce qu'ils n'ont pas suivi la même voie, avoir la moindre haine.

Pourquoi les deux fractions ne seraient-elles pas unies ?

II. — LE BUT

Là-bas sous l'endroit où le soleil se lève se trouve une des régions les plus favorisées de la nature : la Turquie. Ce nom éveille le souvenir de despotes se vautrant dans toutes les orgies et de peuples courbés sous la plus dure servitude. Les mots de guerre, peste, meurtre, viol, vol sont souvent employés lorsque l'on parle de cette contrée bénie par la nature.

Là-bas, bien plus loin que l'endroit où le soleil pour nous se couche, de tous côtés battue par les vagues de l'Océan, se trouve La Terre de Glace : l'Islande. La nature a été pour elle une vraie marâtre, aucun maître ne voudrait aller vivre sur cette terre de désolation, terre couverte de sable et de neige. Par cette cause, ceux qui occupent ce sol sont tous maîtres ; le roi de Danemarck n'a sur eux qu'une autorité fictive.

Le bruit que font les hommes d'Islande n'arrive jamais jusqu'à nous ; ils font peu de bruit, ils restent des hommes ; ils ne sont pas comme ces créatures de l'Orient qui occupent l'attention de l'Europe en s'entretuant dans ces immenses cirques qu'on nomme des champs de bataille, et vivent mille fois plus heureux.

Donc il est nécessaire pour le bonheur et le progrès du genre humain que les individus soient des citoyens et non des esclaves.

C'est pourquoi le but des républicains a été de faire de la France une nation formant une libre association de citoyens ayant les mêmes droits.

Nous espérons atteindre bientôt ce but.

III. — UN HABIT QUI VA MAL

Une constitution ne se fait pas sur mesure comme un vêtement.

Le gouvernement de la Défense nationale, pouvoir suprême, aurait pu profiter de son autorité pour rendre à la nation sa souveraineté telle qu'elle la possédait de 1848 à 1851, souveraineté suspendue par un crime. Nos représentants républicains après de grands efforts patriotiques, nous ont doté d'une constitution qui laisse grandement à désirer. La nation ne s'en est pas trop mal servi. Le moment est arrivé pour elle de consolider et de perfectionner ce qui existe.

IV. — ÉVENTUALITÉ

Tout ceux qui vivent de l'oppression et qui l'aiment, les réactionnaires, sont aux abois; leur antipathie contre la République n'étant plus partagée que par un petit nombre de personnes, devient comme tout ce qui se concentre d'autant plus intense que ce nombre diminue. Cette antipathie en est arrivée à être une essence de haine très-concentrée. On ne peut nier que cette essence ne soit dangereuse : une goutte de poison peut tuer l'homme le plus robuste.

Il ne faut pas dédaigner de nous préoccuper des agissements de la réaction.

Elle a répandu faiblement le bruit que le maréchal de Mac Mahon donnerait sa démission de président de la République aussitôt la fermeture de l'Exposition, à la veille des élections sénatoriales. Cela n'est guère probable et cependant est possible.

En supposant que le premier magistrat ait l'intention d'aider la réaction, ce qui serait contraire à ses propres intérêts, le pouvoir exécutif non occupé à la veille des élections sénatoriales pourrait surexciter les sentiments conservateurs ou pour mieux dire réactionnaires des électeurs sénatoriaux. Telle est la pensée de nos ennemis. Si cette démission était donnée les deux chambres réunies en congrès pourraient élire un président nouveau et indiquer la durée de ses pouvoirs.

Dans la composition du congrès le parti républicain y aurait une immense prépondérance; il compterait environ 500 de ses adhérents contre 300 réactionnaires donc il pourrait, par accord, faire triompher une candidature franchement républicaine.

Trop souvent nous n'avons su profiter des circonstances ; nous recommençons trop de fois une lutte qui pourrait être terminée. La grande majorité des français est républicaine ; les mandataires de la nation sont républicains. Nous devons avoir un chef du pouvoir exécutif et une administration franchement républicains.

Donner de la force à l'ennemi est une trahisou.

L'opinion publique désigne deux hommes comme pouvant occuper la présidence du pouvoir exécutif : Grévy et Gambetta.

L'un et l'autre peuvent être utiles. En ce moment la nomination du premier semble être celle qui réunirait le plus d'adhésions. Que l'on nomme Grévy : d'ailleurs les pouvoirs du président d'une République démocratique ne peuvent être que de courte durée. Il lui faudra un successeur. Trois années de durée sont suffisantes : 1879, 1880, 1881, années critiques passées sous la haute direction politique d'un républicain convaincu et assez énergique pour ne plus laisser aucun espoir à la réaction. La République sera établie en France pour toujours ; nous ne serons plus dans cette situation que trop de gens regardent encore comme un interrègne.

V. — LES FUTURES ÉLECTIONS SÉNATORIALES

Quelles surprises nous réserve cet article de la constitution qui donne cent mille fois moins de souveraineté à l'habitant éclairé des grandes villes qu'à celui du plus petit des hameaux où il ne pénètre aucun rayon de lumière intellectuelle ! Quoi qu'il arrive la réaction sera impuissante.

Supposons, ce qui est improbable, qu'elle triomphe aux élections sénatoriales et qu'elle continue à être la majorité au Sénat : la réaction ne serait que ce qu'elle est aujourd'hui ; impuissante à faire le mal et empêchant le bien. Rendant de plus en plus nécessaire la réforme des imperfections constitutionelles, réforme qui à la date fixée, date très-proche, serait d'autant plus radicale.

Cependant, ne nous le dissimulons pas, le moment critique arrive ; les élections sénatoriales auront une portée immense. Ce n'est pas l'année 1880 que nous devons craindre, mais les derniers jours de

1878 et les premiers de 1879, car il dépendra des élections qui vont être faites d'avoir la constitution définitive de la République sans secousse.

VI. — L'EMPIRE DÉCAPITE

Napoléon III est mort ; l'empire n'a plus sa tête, mais la majeure partie de ses institutions existe encore. D'après notre droit public tous les citoyens formant le souverain sont égaux devant la loi et peuvent manifester leurs pensées comme des souverains, des membres de la nation. En réalité, nos administrateurs sont encore nos souverains ; il nous faut encore pour exercer certain métier, tel que celui d'aubergiste, recourir à une administration souveraine et qui, par la force des choses, ne peut agir que d'une façon arbitraire.

Il nous faut encore, pour exprimer nos pensées d'une façon périodique, donner une somme d'argent comme si l'intelligence était l'équivalent d'un apital, et comme si le pauvre, comme le riche, ne pensait pas chaque jour. Comme si le souverain peu riche ne devait avoir les mêmes droits

On a objecté que le cautionnement des journaux était une hypothèque des frais de leurs condamnations. On peut commettre des crimes et des délits par la plume, c'est vrai ; mais est-ce qu'il n'en est pas commis mille fois plus par les armes à feu ? Demande-t-on un cautionnement à ceux qui s'en servent ?

VII — IL FAUT EN FINIR

La majorité actuelle du Sénat étant réactionnaire et la très-grande majorité des élus de la nation étant républicaine il en résulte quele pouvoir qui exécute les volontés de ces assemblées a une allure qui paraît indécise. La forme gouvernementale pour beaucoup semble rester incertaine.

La république est le droit, les deux tiers des français sont républicains, aucune forme de gouvernement n'a pu être appuyée par une majorité de citoyens plus dévoués et ce gouvernement est encore contesté; il est forcé, semble-t-il, de n'oser s'affirmer.

Etre républicain n'est plus un crime puni par la déportation, mais il est encore dangereux de l'être sincèrement; les guides de la réaction, les jésuites, sont plus puissants qu'ils ne l'ont jamais été; ce sont des rois; ils sont au-dessus des lois. Leur protection pour tout est la plus recherchée et, au point de vue matériel la plus fructueuse. Tout tremble devant eux et ils se posent en martyrs à la moindre atteinte portée à des priviléges illégaux, priviléges, qui leur donnent une situation exceptionnelle dans l'Etat. Ces proscrits sont nos maîtres.

D'un côté la nation qui parait être souveraine, de l'autre un assemblage d'organisations défectueuses qui pèsent sur la France comme des aliments indigestes sur l'estomac d'un homme.

Cet état maladif de la nation est aggravé par la crise industrielle européenne.

Les populations ignorantes et souffrantes craignent, sans en être encore arrivées à prendre un charlatan pour un messie, ce qui n'arrivera pas.

Cette dualité dans la direction des affaires doit cesser et va cesser.

L'état incertain, l'interrègne a duré jusqu'aujourd'hui : parce que les représentants de la nation ne pouvaient guère faire adopter, par un Sénat réactionnaire des mesures démocratiques.

Il faut en finir par les élections sénatoriales.

Nous insistons :

Ou elles seront réactionnaires, alors les députés au congrès qui devra en 1880 d'après les formes légales faire les justes réformes constitutionnelles, celle surtout qui a rapport à l'élection des sénateurs.

Ou les élections sénatoriales seront républicaines,
alors le pouvoir législatif pourra librement accomplir
lesréformes réclamées par la nation et fonder ce qu'elle désire.

VIII. — LA DÉFENSE NATIONALE

On a beaucoup travaillé depuis 1871 à l'organisation de la défensenationale. Tous les hommes valides
font partiede l'armée, à des conditions différentes.
Avec 1500 fr. et un peu d'instruction,. on peut ne
servir qu'un an;on peut servir cinq ansavec peu ou
beaucoup d'iustruction si on ne peut payer cette
somme.La France ne doit pas avoir de préférence
pour ses enfants, surtout pour ceux qui sont expo-
sés à se sacrifier pour elle. Un service de deux ou trois
ans remplacera des charges dont nous ne faisons pas
ressortir toutes les inégalités.

Autrefois tout soldat portait dans son sac son ba-
ton de maréchal. Il devrait encore en être ainsi :
recruter le plus possible les officiers dans les rangs;
beaucoup de nos meilleurs généraux sont venus de
là; faire passer les candidats officiers dans nos écoles
militaires afin de donner à tous les chefs de l'armée
une commune origine. Le futur officier pourrait y
être admis de 20 à 35 ans. C'est la période de la vie
pendant laquelle l'intelligence humaine apprend le
mieux

IX. — LE VILLAGE

Le noyau administratif des campagnes est non
seulement trop petit, mais il n'a aucune indépen-
dance administrative. Le maire et le curé le dirigent.
Il est nommé des conseillers municipaux auxquels il
est accordé quelques pouvoirs. Ou ces conseillers
sont sans force, étant nommés sous l'influence d'un

maire qu'ils élisent ; ou hommes de progrès ils lut-
tent vainement dans l'ombre, contre un administra-
teur qui a mille moyens de réduire leurs efforts à
néant. Eclairez et nettoyez jusqu'au plus petit re-
coins c'est là que les araignées se logent. C'est un
devoir de mettre le mandataire en face du mandat,
afin que ce dernier puisse le juger; rendez publiques
les séances municipales. L'homme de progrès pourra
s'appuyer sur l'opinion de ses concitoyens. Nos bas-
fonds, administratifs seront bientôt nettoyés.

X. — LE CANTON

Le canton est une véritable agglomération administrative rurale à laquelle il ne manque que ce
que Dieu donna à Adam, une âme sous la forme
d'un Conseil élu par le peuple.

Ce Conseil serait bien plus à même que tout autre assemblée pour s'occuper des chemins de moyen-
ne communication, de l'organisation de l'assistance
publique, des grandes mesures de police et de la
surveillance de l'instruction publique.

Trop souvent les délégations cantonales sont for-
mées en grande majorité de sommités cléricales
et de réactionnaires réformés par le suffrage uni-
versel. L'administration croit devoir donner des com-
pensations à d'anciens amis qui, de ces postes, dé-
truisent souterrainement le travail des hommes de
progrès

Il est certain que le peuple ferait de meilleurs
choix.

XI. — LE JUGE

La justice a toujours été rendue au nom du souverain. Il nommait les juges. La nation est la souveraine actuelle. La majeure partie des magistrats

ont été nommés par Napoléon III, qui avait usurpé l'autorité de la nation.

Dans des pays libres les juges sont désignés par le peuple, ce qui n'est que juste : le peuple est le souverain. Dans tous les cas, l'investiture du magistrat doit venir du peuple et être faite en son nom.

Le magistrat ne devrait qu'appliquer la loi. Le jugement pour tout devrait être laissé à des jurys composés de tous les citoyens.

XII. — LA LIBERTÉ DES CULTES

Elle est garantie par toutes nos constitutions.

Voyons comment elle est pratiquée.

Nos enfants pour fréquenter l'école primaire publique doivent d'après le règlement recevoir un enseignement religieux.

Je ne suis pas juif, par une première bonne raison : je ne sais pas ce que c'est que de l'être.

Vous comprenez que cette cause suffit pour que je ne sois ni protestant ni mahométan. Enfin, je n'ai d'autre refuge que celui où les partisans du syllabus dominent ; je ne suis ni assez imbécile ni assez hypocrite pour accepter une semblable doctrine et pour vouloir la faire enseigner à mes enfants.

Les lois primordiales me disent : Tu seras libre de croire.

Le règlement répond : Si tu ne crois telle et telles choses se contredisant, tes enfants ne recevront pas l'instruction primaire que tu paies par tes impôts. Courbe-toi, trahis ta conscience et ne fais plus attention à ce qui est éclairé par ta raison.

Ma conscience se révolte — et me dit que je ne suis qu'un atôme dans l'Univers ; je constate ce que je vois, ce qui existe ; pour moi ce qui est nécessaire au bonheur, aux progrès de l'espèce humaine se nomme le bien. Comme liaison des autres atômes à moi, agir envers eux comme je voudrais qu'ils agissent envers moi.

Je doute que tous les explicateurs du surnaturel en sachent plus. Leurs rapports payés avec les régions célestes me paraissent suspectes.

Instruire c'est montrev ce qui existe. Telle devrait être la charge de l'instituteur. Rien de plus.

Les églises, les temples, les synagogues, les mosquées sont assez vastes pour recevoir ceux qui veulent connaître une religion. En y restant, ceux qui y occupent une tribune ou une chaire peuvent faire beaucoup au point de vue moral.

XIII. — L'IMPOT

En 1871, il a fallu aller vite. La rançon a été prise où on l'a pu.

D'abord sur les successions. Il n'y a pas eu trop de mal.

La succession est le travail d'un autre que l'on reçoit comme capital.

Quant aux impôts sur les produits, nous avons déjà écrit (1) un gouvernement national doit avoir pour premier but de se procurer ce qui maintient la force et la santé à tous les citoyens. Le pain, la viande, les légumes, le poisson, les vins ordinaires, la bière consommés comme nourriture et aux repas, devraient âtre exemptés de tous droits.

XIV. — VOIES DE COMMUNICATION.

Quand vous voulez faire aller une machine vous évitez toute espèce de frottement, et pour que le mouvement soit plus doux, vous graissez les rouages Il n'en est pas de même de notre machine sociale.

Elle marche par des voies de communication

remplies d'obstacles, quand ils ne sont pas comme nos chemins ruraux composés d'une suite de fondrières.

D'abord grandes sociétés prélevant un bénéfice net sur les transports par les chemins de fer de 10 à 15 % ; ensuite entrave de l'Etat avec ses impôts de 10 % sur les transports à petite vitesse et de 70 centimes par colis, contributions arbitraires qui tuent le petit commerce.

Rendre les voies de communication à l'Etat et en créer de nouvelles, abaisser le plus possible le prix des transports seront de bonnes choses.

XV. — UNE PLAIE NON GUÉRIE

Tous les partis ont commis des fautes et même des crimes. En a-t-il été commis de plus grand que celui de Bazaine ? Il vit librement à l'étranger.

Si nous n'avions pas eu Bazaine, nous n'aurions pas eu la Commune.

Tous les gouvernements fondés définitivement ont pardonné les fautes commises à leur origine.

Napoléon III a ammistié ses victimes.

La république américaine a amnisté les esclavagistes, la République française peut aussi amnistier sans danger des hommes dont un grand nombre l'ont défendue avec dévouement.

L'ammistie effraierait les habitants des campagnes a-t-on dit. Il faut bien peu nous connaître pour admettre une telle contre-vérité.

XVI LA CRISE INDUSTRIELLE.

Oui il existe une crise, nos exportations sont a moindrie de centaine de millions. Cette crise est gé·nérale. Nos tarifs douaniers ont fortement besoin d'être révisés dans un sens libéral. Nation industrielle, il fautdonner chez nous la liberté que nous recherchonschez les autres et qui nous est nécessaire.

Cette crise a aussi pour cause la trop grande production industrielle. Des données statistiquesdevraient souvent être publiées sur la production et la consommation, ce qui empêcherait des bévues.

Les armements et les armées nous rongent. La grande plaie sociale, la misère, ne sera guérie qu'en ne faisant que des dépenses reproductives en voies de communication, amélioration industrielles, agricoles et commerciales, établissement d'instruction publique et de bienfaisance qui augmeteraient la riches se nationale, richesse de plus en plus reproduite pour être appliquée aux besoins des masses.

XVII. — DIPLOMATIE NOUVELLE

En tout il est bon d'avoir un idial, même comme diplomate. Napoléon 1ᵉʳ avait le sien : être l'autocrate de l'Europe. Il en est un autre dont nous nous rapprochons de plus en plus, bien que pour un moment nous semblions nous en éloiger, créer l'association des nations.

Cette idée a de nombreux partisans en Allemagne, malgré son régime autoritaire ; en Russie, en Autriche, en Italie, en Espagne, en Belgique, en Angleterre, en Amérique, c'est l'utopie d'aujourd'hui, ce sera la réalité de demain. Tous les milliards dépensés en armements le seront en bien-être.

XVIII — 1879.

On avance ou on recule ; l'immobilité c'est la mort. Le travail politique est une cause de travail en tous genre l'humanité est comme l'homme : dont tout le corps avance, lorsqu'il marehe.

On avancera en 1879 ; cette année sera l'aurore d'un beau jour, d'un long jour, de celui de l'implantation définitive de la république parmi les nations européennnes.

Ouvriers de la dernière et de la première heure, unissons nos volontés, avec le désir du bien pour faire vivre et faire progresser l'œuvre de nos efforts communs.

Alfred DESMASURES

Imp. Mauclère-Dufour. — Antoine-Alfred Desmasures, compositeur.